MANIFESTE DES BONS FRANÇOIS,

Sur la mort desplorable de Monseigneur le Mareschal de Schombert.

DEDIE' A MADAME la Mareschalle de Schombert.

A PARIS,
Chez IEAN BRVNET, ruë Neufue
S. Louys, au trois de Chiffre.

M. CD. XXXII.

A MADAME LA MARESCHALLE DE SCHOMBERT.

MADAME,

Si les pleurs estoient capables de rachepter la vie des hommes, ie ne doute point que l'infini de ceux qui sont escoulez de vos moites prunelles, n'eussent fait reuiure, non seulement feu Monseigneur le Mareschal de Schombert vostre cher espoux, ains tous ceux à qui la mort a fait sétir la pointe de ses dards. Mais puis que côme vne chaste espouse, vous auez rendu assez manifeste vostre humanité, faités paroistre que vous auez quelque chose de diuin en vous. Faictes paroistre, dis ie, (MADAME) vne masle constance au milieu de vos afflictions, afin que vous les méprisiez, & qu'en les meprisāt vous les maistrisiez. Vous ne deuez point plorer ce grand & tres-Illustre personnage, pour voir son corps brisé côtre l'escueil de la mort, ains plu-

A ij

stoſt vous reſiouyr de ce que ſon eſprit heureuſement arriué en l'Orient des Cieux, cōmence à moiſſonner les treſors des graces diuines. Puis d'autre part les pleurs ne ſeruent de rien que pour teſmoigner la douleur de la faſcherie dont noſtre cœur eſt atteint: Et cela eſtant vous deuez donner trefue à vos pleurs, de peur que l'on eſtime, que vous ſoyez faſchée de ce que ce bon Seigneur iouyſt de l'heur pour lequel la vie luy eſtoit donnée. Serenez donc maintenant voſtre face, reprenez voſtre teint, & deſuoillez vos beaux yeux, ains pluſtoſt vos deux Soleils, & leur permettez de ietter leurs rayons ſur ce petit diſcours, à fin qu'ayant esblouy les yeux de l'enuie, ie l'expoſe plus librement au iour, pour vous teſmoigner que le but où viſent tous mes deſirs, n'eſt que de me rendre capable de demeurer,

MADAME,

Voſtre tres-humble, & tres-affectionné ſeruiteur,
I. B. P.

MANIFESTE DES BONS FRANCOIS,

Sur la mort desplorable de Monseigneur le Mareschal de Schombert.

Dedié à Madame la Mareschalle de Schombert.

SI les souspirs de nos cœurs pouuoient estre conuertis en eloquences, & entrer dans nos langues comme fait le souffle dans les orgues pour leur donner son, l'abondance de nos souspirs nous pourroit rendre eloquens, Nous demande-

rions encore tous les souspirs qui sortét de vostre dolent cœur, chere patrie, pour estre vnis aux nostres & assemblez dans l'organe de nos voix pour nous donner aussi abondant pouuoir, que nous rendons icy de volontaires obeissances. Nous voudrions aussi pour faire sortir nos desirs en bons effets, que ces fontaines de larmes qui sortent de nos yeux formassent sur nos langues vn torrent de feconditez, à celle fin de desplorer dignement la mort de ce tres-illustre & tres-vertueux personnage, Mareschal de Schombert.

Mais puis que nous ne pouuons assez manifester nos regrets, confessons que la France a perdu en la mort de ce grand personnage l'vn des plus grands Capitaines de nostre Siecle, & que la splendeur & les merites de ce genereux Alexandre seront à la posterité lumineux de plus en plus, par l'immortelle memoire des bons & fidels seruices qu'il a tousiours rendus à son Roy.

O terre que tu es heureuse, retenant aujourd'huy dans ton sein en depost seulement, celuy qui empeschera tes tremblemens, & surpassera en valeur tous les mineraux que tu as enclos dans ton centre, & cependant que tu jouyras de ce grand bien que tu porte, tous les bons François gemiront au dueil qu'ils porteront non en leurs habits, mais en leurs cœurs, dans lesquels (s'ils estoient ouuerts) l'on verroit le nom de ce grand Mareschal graué, comme l'on voit des fruicts portant les noms grauez, tels que l'industrie de l'Agriculture sçait dextrement representer.

Que nos oreilles soient desormais closes (comme le serpent faict prudemment quelques fois,) que nos yeux soient aussi clos (comme fait l'origan) ne pouuant plus voir ceste magnanimité, ny ouyr les genereux commandemens militaires de nostre Alexandre, Celuy qui sous les commandemens de son Roy pouuoit preseruer sa patrie de toutes les entreprises de ses ennemis, c'estoit vn Mars genereux, voire vn Mars qui a produit tant de valeurs que nous ne pouuons que les manifester pour estre grauez dans le temple de Memoire pour faire sçauoir à ceux qui viendront apres nous, que les effets valeureux de ce grand Mareschal de France, ont tellement reüssis, que le Ciel les a approuuez, la terre les a admirez, & les hommes les ont redoutez.

Nous

Nous dirons donc qu'en toutes les occasions que le Roy l'auroit honoré de ses Commandemens, & principalement dans ses Armées, tans hors de ce Royaume qu'en diuers endroicts d'iceluy, dans lesquelles il a souuentesfois fait la charge de General, si tost qu'vne creuse Trompette auoit animé l'vn & l'autre party, que les deux armées estoient toutes herissées de picques, & que de toutes parts il auoit doné vn bon ordre à ses trouppes, fait promener les Cornettes & les Drappeaux parmy ses Escadrons, animé ses gens à bien faire. Ce Magnanime General entroit dans les combats la teste baissée & les armes à la main, sans craindre les Mousquetades, ny les boulets vomis par la fureur des Canons qui estoient en si grand nombre qu'ils sembloient vouloir

B

ombrager la terre, & s'y comportoit si courageusement & prudemmēt que les armes des plus forts estoiēt toutes froissées par les rudes coups de son bras : coups qu'il ne donnoit iamais en vain, ains qui sembloient estre poussez & donnez (contre les ennemis de son Roy) par les bras de la mort : laquelle il n'a iamais eu crainte de perdre, pourueu qu'il eust tousiours l'aduantage sur ceux qui vouloient troubler le repos de ceste Monarchie, de sorte que tous ceux qui estoient si temeraires que de se presenter deuāt ses yeux se pouuoiēt asseurer de perdre la vie, tant que sa force & son inuincible courage estoiēt conduits par sa prudence au seruice de son Roy : si bien que les endroicts par où il auoit passé, n'estoient que des monts de corps &

fleuues de sang qui rendoient la terre toute boſſuë, & toute teinte en eſcarlate.

Bref, ſa vaillâce auec la pointe de ſon eſpée a graué ſi auât le caractere de la crainte au centre du cœur des plus vieux & hardis ſoldats, que lors qu'il venoit à les aprocher, il leur adminiſtroit des aiſles aux pieds, pour prédre la fuitte, meſme les ames des trouppes de Caualleries (ennemies) les plus genereux & les plus fournis de courage trembloiét dedans leurs poitrines, & leurs poitrines deſſous leurs cuiraſſes, les armes dâs la main, tant qu'ils redoutoiét les approches de ce grand general d'armée, qui le premier eſtoit dans les combats, & le dernier dans les retraites.

C'eſtoit vn treſor de fidelité, de Prudence, & de courage à la France, & auſſi que ce grand perſonnage estoit comme vne mer où toutes les vertus se venoient rendre. Or si toutes les richesses cedent à la vertu selon Platon, & qu'il n'y a point de tresor plus honneste & plus durable que ceste mesme vertu, selon Isocrates, combien le renom de nostre Alexandre qui en estoit tant orné, & voire qui estoit les vertus mesmes, doit passer celuy de l'or du Pactolle & des perles de l'orient.

Quant à nous, nous croyons asseurément que l'Vniuers n'est point asses spacieux pour receuoir ses louanges, & que les Cieux ont esté contraincts de leur faire place, voire contraincts, car ils ne le pouuoient refuser à leur gendre, puis qu'il auoit espousé leurs filles, qui sont les Vertus mesmes.

Apres donc auoir esbauché vn abregé d'vne partie de ses Magnanimes faits, vôyôs côme ce grád Seigneur, eſtoit enuironné d'vn monde de richeſſes; & neantmoins, comme il n'a permis qu'elles luy bádaſſent les yeux, ny d'abandonner ces filles du Ciel qui ne côtribuerent iamais au tombeau : Ce n'eſtoit point vn Roy Daire, qui cheriſſoit tellemét les richeſſes, qu'il ne jouyſſoit iamais d'vn bon repos. Ce vertueux Seigneur, vrajemét n'eſtoit tel, car les richeſſes dont il abondoit, il les a ſi bien cultiuées qu'il en a receu vne heureuſe moiſſon : Auſſi la Prudence dont il eſtoit doué, luy a fait touſiours juger que ſes richeſſes n'eſtoiét qu'vn ombre de l'heur, qui pourſuit inceſſamment celuy qui le fuit, & fuit celuy qui le pourſuit.

Nous dirons encore qu'il ſembloit auoir imité la proprieté de cete pierre precieuſe appellée Iris, laquelle ayant receu la face du Soleil, la repousse en mesme temps contre le mur prochain, car ainsi ayant receu plusieurs biens de la main de Dieu, il en faisoit part aux pauures, faisoit de tres-grandes aumosnes en tous les Conuents, deliuroit les Prisonniers, bref en emploioit la plus grande partie en œuures pieuses, & ce qui estoit de plus admirable en ce Seigneur, c'est que l'ambition non plus que l'auarice n'ôt peu trouuer de place en luy, & comme ceste auarice ne luy a iamais fait desgainer vn mercenaire acier, ny se ranger soubs des drappeaux Estrangers; De mesme l'ambition ne luy a iamais empoullé le cœur, ny iamais ne luy a fait franchir les bornes de sa fidelité.

O grand Capitaine, voire grand General d'Armée, qui des ta naiſsance fus amoureux de la gloire, comme les herbes & les plantes, soudain qu'elles sont nees sont amoureuse du Soleil, & se tournent de son costé: Et comme tu estois amoureux de la gloire, aussi chacun sera amoureux de l'immortelle memoire, de tes illustres faicts & de tes valeurs, que nous voudrios pouuoir representer auec nos parolles, aussi bien que le Peintre represente les viues couleurs d'vn corps humain par l'industrie de son pinceau.

Or de tout le succes du manifeste de nos regrets pour la perte que la France, & nous, receuons en la mort de ce bon seruiteur du Roy vous demeurerez chere Patrie cosolées, plus que ne furent les Romains à la voix de Iulius Proclus, quant il leur raconta d'auoir veu Romulus sortans du Ciel car sa vois estoit fabuleuse, mais la nostre est probable & veritable, nous deuons donc raserener nos soupirs pour le benefice que nous receuerons lors que nous aurons le bon heur de voir cet illustre Seigneur parmy les biens infinis. Ne soyons plus dolens pour demeurer quelques temps sans le voir, mais viuons en sorte que nous imitions sa vie, ses mœurs, & sa grande fidelité au seruice du Roy, en sorte que nous paruenions à l'eternelle felicité, où nous le verrons eternellement.